... a VALENTINA E LEONARDO...

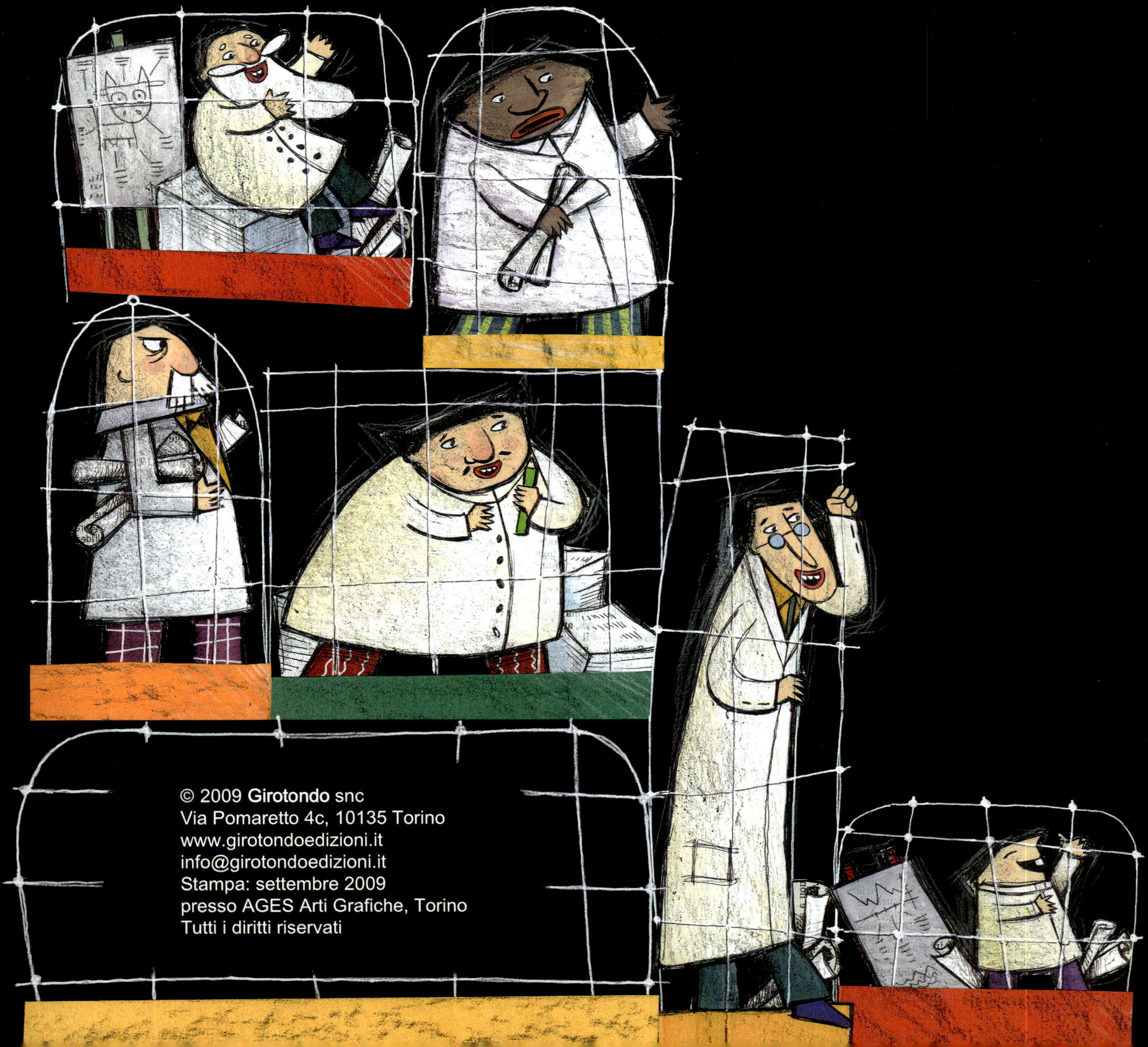

Via Pomaretto 4c, 10135 Torino
www.girotondoedizioni.it
info@girotondoedizioni.it
Stampa: settembre 2009
presso AGES Arti Grafiche, Torino

Silvia Forzani

Muk Muk e il progetto del latte perfetto

Girotondo

Da qualche tempo si narra la leggenda
del Commendator Truffa e della sua Azienda,
che pur di guadagnare ingannava interi popoli,
era un uomo terribile, crudele e senza scrupoli.
Un dì si mise in testa di creare
un nuovo prodotto alimentare
e andò a cercare Madre Natura
per farsi dare
la giusta mistura.

Con falso sorriso tentò un inganno
"Se mi aiuti potrò, nel giro di un anno,
sfamare gli uomini e tutti i bambini
(...e guadagnare tanti quattrini!)"
Madre Natura gli lesse nel cuore
ma non trovò parole d'amore
così con una folata di vento
lo allontanò in un momento.

Allora lui rapì sei brillanti scienziati
nella sua azienda li tenne imprigionati.
Senza dormire e senza mangiare
così li costrinse a lavorare

"Vi Dó Otto Giorni
Per Creare un alimento.
Nuovo, geniale,
un vero portento!
Ma sia ben chiaro,
se non mi ubbidirete,
Da Quí alla Befana
Piú non mangerete!"

scienziato
1
"CARI AMICI
qui si METTE MALE
DOBBIAMO PENSARE
A QUALCOSA
di SPECIALE..."
Chi?
Cosa?
Dove?
Come?
Quale?
scienziato
2
"KOLLEGHI HO UN'IDEA
ECCEZIONALE!
PERCHÈ non FACCIAMO
UNA KAROTA
dA UN QUINTALE?"
Quintale
scienziato
3
"No... no...
qui ci VUOLE
UN
ANIMALE!"
A ni MA LE
animale

scienziato
4
"MaGaLi UNo EnoLME... UN EnoLME MAiALE!"
Enolme maiale
scienziato
5
"... E ALLORA PERCHE' nOn USaRE Un CONiGLiO?"
coniglio
scienziato 6
"No! UnA BALEnA di CERTO VA MEGLiO..."
balena

buchetto del sedere
CODA DRITTA
orecchio
88-8222-071-0
muso
lingua
corno
$\sqrt[3]{LATTE}$
$\sqrt{MUK^2}$
MUK MUK
$M \cdot M = MUK^2$
$MUK^2 = \frac{\sqrt[3]{LATTE}}{M \cdot M}$
mucca
manto
schiena
latte
ZOCCOLO

IL PROGETTO MUK MUK

DOPO MOLTE ORE DI MEDITAZIONE
GIUNSERO AD UNA CONCLUSIONE
CHE LA MUCCA DA LATTE ERA
L'ANIMALE PERFETTO
PER REALIZZARE QUESTO
"MUK MUK PROGETTO"

SI MISERO COSÌ A STUDIARE
OGNI PARTE DELL'ANIMALE
OGNI PEZZETTO, OGNI QUADRETTO
OGNI DETTAGLIO, OGNI BUCHETTO!

DOPO OTTO GIORNI DI DURO LAVORO IL COMMENDATOR TRUFFA TORNÒ DA LORO.

"Signor Presidente questa e' Violetta e della buona
cioccolata esce dalla sua tetta!"

SECONDO SCIENZIATO

"La MiA MuCcA si chiAmA

VERDICINA®

E nEL Suo LAtte deLLA Mattina
TROVERETE UN BUON MEdiCinALE
cHE vi
CURERA'
Da
Ogni
M

-AMENTE IL FOGLIETTO D'ISTRUZIONE-

MUU–
ATTENZIONE : PER BERE QUESTO LATTE LEGGERE

TERZO SCIENZIATO
"OLGA È LA MUCCA DEL FUTULO CON DUE TESTE, DI CELTO... È SICULO! IL DOPPIO

PUO' MANGIALE ED ENOLME... DIVENTALE!

QUARTO SCIENZIATO
"SE di LATTE VOGLIAMO PARLARE
ZIZZA LA MIA MUCCA VI POSSO
MOSTRARE...

PERCHÉ HA LA MAMMELLA PIÙ LUNGA DELLA TERRA
E DA SOLA PUÒ SFAMARE TUTTA L'INGHILTERRA"

Quinto Scienziato
"1000, 100 e 48
Son le mukke gemelle
tutte belle, tutte sorelle!
44
M
108
m
14

M 38
m 25
m 200
M 35
QUESTA È LA VIA DEL PROGRESSO
CHE BISOGNA INIZIARE ADESSO..."
80

SESTO SCIENZIATO

"La mia mucca nel cielo vola leggiadra
spruzza il suo latte in ogni strada
rende felici grandi e piccini
li bagna di latte dalla
testa ai piedini!"

PAGABILE A VISTA AL COMMENDATOR TRUFFA
IL COMMENDATORE SCOPPIAVA DI FELICITÀ E MISE IN COMMERCIO IL SUO LATTE-NOVITÀ.
55387 BANCA COMMENDATOR TRUFFA
... MA DOPO QUALCHE SETTIMANA ACCADDE UNA COSA STRANA!
VIOLETTA NON FACEVA PIÙ LA CIOCCOLATA ED ERA TRISTE E SCONSOLATA!
VERDICINA SI AMMALÒ, MA NESSUNA MEDICINA LA CURÒ.

OLGA tAnto AVEVA MANGIATO
BOOOM
CHE ESPLOSE in un GRAN BOATO
M1000, M 1 MILIONE
Di QUESTE MUCCHE
CE N'ERA UN'INVASIONE
GIORNO DOPO GIORNO
StRIZZA StRIZZA
Non USCÍ PIÙ LATTE
DALLA MUCCA ZIZZA
La MUCCA VOLANTE
SPARÍ LASSÙ
E NESSUNO
LA VIDE
PIÙ!

IL COMMENDATOR TRUFFA
ERA FURIBONDO
E ANCORA ADESSO
È IN GIRO PER IL MONDO

CHE TENTA DI COPIARE
LA GIUSTA MISTURA
DEL LATTE PERFETTO
DI MADRE NATURA.

EPILOGO PER I BAMBINI PIÙ CURIOSI: "LE MUCCHE SON GUARITE....